12 novembre 1900

V

VILLE DE CHALONS-SUR-MARNE

VENTE

DES LUNDI 12 NOVEMBRE 1900

ET JOURS SUIVANTS

COLLECTION

DE

M. AUGUSTE NICAISE

EXPOSITIONS

PARTICULIÈRE	PUBLIQUE
Le Samedi 10 Novembre	Le Dimanche 11 Novembre
DE 1 HEURE A 5 HEURES	DE 1 HEURE A 5 HEURES

CHALONS-SUR-MARNE

IMPRIMERIE MARTIN FRÈRES, PLACE DE LA RÉPUBLIQUE, 50.

1900

VILLE DE CHALONS-SUR-MARNE (MARNE).

VENTE AUX ENCHÈRES PUBLIQUES

PAR SUITE DE DÉCÈS

Le Lundi 12 Novembre 1900, à 1 heure, et jours suivants

A CHALONS-SUR-MARNE

EN LA SALLE DES VENTES, 4, RUE BAUDELOT

CATALOGUE

DE LA

COLLECTION

de M. AUGUSTE NICAISE

COMPRENANT UNE BELLE RÉUNION DE

MEUBLES ANCIENS & DE STYLE

Beau Bahut Henri II, Bureau Louis XV, Bibliothèque, Cabinet en bois noir incrusté, beaux Meubles de Salle à manger en chêne sculpté, Meubles divers, Consoles, Bonheur du jour, etc.

NOMBREUX SIÈGES

des époques Louis XIII, Louis XIV, Louis XV et Louis XVI

TABLEAUX, GRAVURES, DESSINS, PASTELS

Faïences & Porcelaines

de Rouen, Marseille, Strasbourg, Sinceny, Nevers, Delft, Chine, Japon, etc., Biscuits.

BRONZES D'ART & D'AMEUBLEMENT

Belle Pendule Louis XIV en écaille incrustée, — Lustres

Tapisseries et riches Tentures

OBJETS D'ART ET DE CURIOSITÉ

Cuivres, Fers, Statuettes, Pendules, Glaces

NOMBREUX OBJETS DIVERS

EXPOSITIONS

PARTICULIÈRE	PUBLIQUE
Le Samedi 10 Novembre	Le Dimanche 11 Novembre
DE 1 HEURE A 5 HEURES	DE 1 HEURE A 5 HEURES

Me LHEUREUX	M. GUSTAVE LEGAY
COMMISSAIRE-PRISEUR	EXPERT
Rue du Grenier-à-Sel, 5	à PARIS, 6, rue Lécluse
à Châlons	et à CHALONS, Hôtel de la Haute-Mère-Dieu.

LE CATALOGUE SE DISTRIBUE

A *Nancy*................ chez M. Jules Legay, antiquaire, rue Stanislas, 46.

A *Amiens*................ chez M. Lefèvre, antiquaire.

A *Paris*.................. chez M. Legay, expert ; au *Journal des Arts*, 1, rue de Provence et à la *Gazette de l'Hôtel-Drouot*, 8, rue Milton.

A *Rouen*................. chez M. Langlois, rue Jeanne-d'Arc.

A *Epernay*................ chez M. Lebert, antiquaire-bijoutier.

A *Charleville*........... chez M. Delacroix, antiquaire-opticien.

A *Reims*................. chez M. Michaud, libraire.

A *Lille*.................. chez M. Carlier, rue Esquermoise.

NOTA. — M. Legay, expert à Paris, chargé de la vente, remplira les commissions des personnes qui ne pourraient y assister. Il se charge de toutes expertises et rédactions de catalogues pour collections particulières et pour celles destinées à être vendues aux enchères, ainsi que l'estimation d'objets d'art, pour partage de successions et autres cas.

CONDITIONS DE LA VENTE

Elle sera faite au comptant.

Les acquéreurs paieront DIX POUR CENT en sus des adjudications, applicables aux frais.

L'exposition mettant le public à même de se rendre compte de l'état des objets, aucune réclamation ne sera admise une fois l'adjudication prononcée.

L'expert chargé de la vente se réserve la faculté de réunir ou diviser les lots.

Les tares et défauts omis au présent Catalogue seront annoncés à chaque mise en vente des objets.

En cas de contestation sur une enchère, l'objet sera immédiatement remis en vente.

L'ordre numérique du Catalogue ne sera pas suivi.

Aucun objet du Catalogue ne sera vendu avant la vente.

ORDRE DES VACATIONS

1er Jour. — Lundi 12 Novembre 1900.

Faïences	Nos 164 à 205.
Tableaux, Gravures, Dessins	Nos 58 à 75.
— — —	Nos 91 à 99.
— — —	Nos 116 à 131.
Pendules	Nos 132-139-140.

2e Jour. — Mardi 13 Novembre 1900.

Porcelaines	Nos 142 à 163.
Faïences	Nos 206 à 249.
Objets de Vitrine	Nos 257 à 267.
— divers	Nos 273 à 277.
Tableaux, Gravures, Dessins	Nos 76 à 90.
Gravures et Dessins	Nos 100 à 115.

3e Jour. — Mercredi 14 Novembre 1900.

Bronzes et Lustres	Nos 133 à 138.
Meubles et Sièges	Nos 34 à 57 bis.
Meubles	Nos 1 à 33.
Tentures et Tapisseries	Nos 268 à 272.
Objets de Vitrine	Nos 250 à 256.
— divers	Nos 278 à 282.

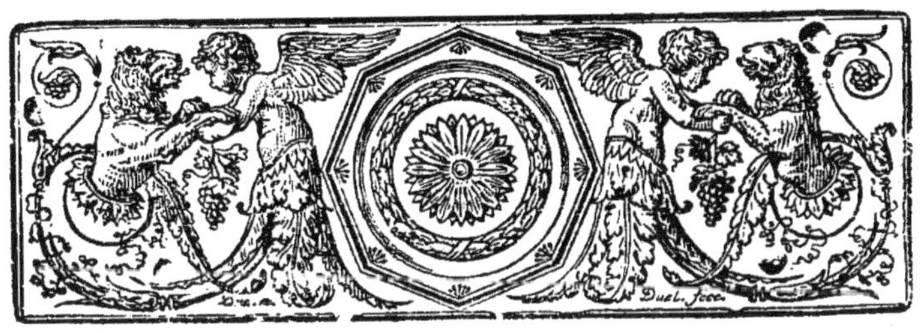

DÉSIGNATION

MEUBLES

1. — Bureau Louis XV ancien en chêne, orné de têtes de chimères; pieds de biches, poignée et entrées en cuivre ciselé. Le meuble est à deux faces et orné de motifs sur les côtés.

2. — Table Louis XIII en chêne à pieds tors.

3. — Bahut Henri II en vieux chêne, à deux corps et à colonnes, orné de statuettes.

4. — Bibliothèque du temps de Louis XVI en bois de rose, à deux portes vitrées.

5. — Petite Console Louis XV en marqueterie, ornée de fleurs en bronze ciselé.

6. — Casier à gravures en bois sculpté.

7. — Cabinet en bois noir, incrustations contrariées d'ivoire et d'ébène : Beau meuble très bien traité.

8. — Belle table Louis XIII à pieds tors.

9. — Petite table à pieds cannelés et à pans coupés.

10. — Grand écran en chêne sculpté avec tapisserie.

11. — Console Louis XV en bois sculpté et doré, dessus en marbre griotte.

12. — Coffre de mariage époque Louis XIII, recouvert en soierie ancienne, pied sculpté et doré.

13. — Petite Console du temps de Louis XVI en bois sculpté, décor blanc et or avec marbre blanc et noir.

14. — Grande Console demi-lune, décor blanc et or marbre veiné blanc gris et rouge.

15. — Ecran Louis XV en bois sculpté, garni d'une tapisserie au point.

16. — Coffre à bois en chêne Louis XVI, garni en lampas vert.

17. — Paravent à quatre feuilles, garni en ancienne étoffe de soie.

18. — Petit bonheur du jour, formant bureau avec étagère, en bois de rose et marqueterie de couleurs diverses. Joli travail de l'époque Louis XVI.

19. — Table à jeu en marquetorie de cuivre.

20. — Belle table en bois sculpté, décor blanc et or.

21. — Table Louis XVI en bois sculpté, dessus recouvert en vieille soie tissée d'or et d'argent.

22. — Chevalet drapé en soie ancienne.

23. — Beau Bahut du XVIIe siècle en chêne sculpté, à trois portes.

24. — Douze Chaises en vieux chêne sculpté, recouvertes en ancien cuir de Cordoue.

25. — Paire de Colonnes en bois sculpté, de style corinthien.

26. — Paire de Colonnes en bois sculpté, ornées de branches de laurier serpentant autour du fût.

27. — Deux Statues en bois doré, avec supports en chêne.

28. — Orgue ancien à cylindre.

29. — Grand métier à tapisserie.

30. — Glace trumeau de cheminée en bois sculpté, peinture pastorale (genre Watteau).

31. — Glace trumeau Louis XVI, nœuds et guirlande bois sculptés, peint en blanc.

32. — Glace trumeau, décorée vases et feuillage et tambours de Basque.

33. — Objets omis au catalogue.

SIÈGES

34. — Chaise cannée Louis XV en bois sculpté.

35. — Fauteuil canné en chêne sculpté Louis XIV.

36. — Deux Chaises lorraines.

37. — Fauteuil Louis XV en chêne sculpté, recouvert en cretonne.

38. — Deux Fauteuils Louis XV en chêne sculpté, garnis d'étoffe de laine vert et jaune, sièges cannés.

39. — Fauteuil Louis XV en chêne sculpté, recouvert en étoffe lamée d'or.

40. — Deux Fauteuils Louis XV en chêne sculpté, recouvert en étoffe à fleurs jaune.

41. — Fauteuil Louis XV recouvert en tapisserie à la main, garniture de clous dorés.

42. — Chaise Louis XIII à haut dossier, recouvert en étoffe de laine à fleurs.

43. — Chaise lorraine garnie en étoffe.

44. — Deux Fauteuils Louis XV recouverts en tapisserie d'Aubusson.

45. — Grand Fauteuil Louis XV recouvert en tapisserie d'Aubusson.

46. — Fauteuil Louis XV en bois sculpté, recouvert en tapisserie d'Aubusson.

47. — Fauteuil Louis XVI en boissculpté, décor blanc et or, recouvert en soierie ancienne rouge et blanche.

48. — Grand Fauteuil Louis XVI en bois finement sculpté, recouvert d'une très belle soierie ancienne verte et crême. (Meuble rare).

49. — Deux jolis Fauteuils Louis XVI en bois sculpté à jour, avec coussins en soie ancienne.

50. — Trois Chaises même genre que les fauteuils précédents.

51. — Pouf composé de deux coussins superposés sur un pied doré, garniture en vieux lampas.

52. — Pouf rond recouvert en soie ancienne.

53. — Support de vase à pied doré, garni en soie ancienne.

54. — Canapé Louis XVI, décor blanc et or, garni en lampas gris.

55. — Trois Coussins vieux rose avec draperie Louis XVI.

56. — Draperie en lampas vieux rose.

57. — Coussin en soie ancienne violette à fleurs.

57 bis. — Objets omis au catalogue.

TABLEAUX, GRAVURES, DESSINS PASTELS

58. — Van Boël : Nature morte, oiseaux, fleurs et fruits, 0,90 sur 1,10, cadre ancien signé H. V. B. dans la pâte, d'après Pierre (Jean-Baptiste-Marie), peint par le marquis de Marigny.

59. — Vénus vient demander à Vulcain des armes pour Enée.

60. — Vanloo (attribué à). Portrait de femme (peinture).

61. — Léonard (attribué à). La mort de Priam.

62. — Léonard id. La Colère d'Achille.

63. — Ecole Française : L'Amour apprend aux Nymphes à lancer des flèches.

64. Ecole Française : 2 tableaux portraits d'hommes et de femmes.

65. — Fragonard (attribué à). Arche de pont (dessin à la sanguine).

66. — F. Lemoine : Le coup de Foudre (dessin au crayon).

67. — Dessin à la sanguine représentant deux lutteurs.

68. — Gravure en couleurs : La Vierge et l'Enfant Jésus.

69. — Gouache représentant une Allégorie.

70. — Ch. Coypel (attribué à). Mme de Parabère sous les traits d'Apollon et de Diane.

71. — Daumier (attribué à). Dessin dans un cadre ancien.

72. — Natoire : La Décollation de St Jean-Baptiste (dessin signé et daté).

73. — Bardin (Jean). Sacrifice des Vestales (dessin).

74. — Gravure en couleurs dans un cadre ancien.

75. — Fragonard (d'après). Serment d'Amour, dessin au crayon noir.

76. — Murillo : La Mort de Ste Catherine de Sienne (dessin à l'encre de Chine relevé de bistre), très rare.

77. — Estampe à plusieurs crayons.

78. — Deux gravures coloriées.

79. — Cavera. Deux dessins à la mine de plomb.

80. — La Cène (dessin à la sanguine).

81. — Joli portrait de femme au fusain.

82. — Portrait de Jeune Fille.

83. — Deux Têtes de Femmes dans des cadres anciens.

84. — Dessin (attribué à Troyon).

85. — Vue de Rome (aquarelle).

86. — Dessin aux deux crayons (attribué à Fragonard).

87. — Géricault (attribué à). Deux Chevaux.

88. — Deux portraits d'Homme dans un cadre Louis XVI bois noir, ornement bronze doré.

89. — Louis XVIII (dessin au crayon noir).

90. — Objets omis au catalogue.

GRAVURES ET DESSINS

91. — Devéria : Deux portraits de Femmes, Coiffure 1830.

92. — Dessin à la sanguine (attribué à Fragonard).

93. — Dessin à la sanguine : Portrait d'Homme, signé daté de 1771 (attribué à Huet).

94. — Deux dessins : Paysage au crayon noir.

95. — Portrait de Femme portant au dos des croquis de Prud'hon.

96. — Panneau vieux chêne dans son cadre.

97. — Paysage aux deux crayons.

98. — Barbat : Paysage au fusain.

99. — Gravure avant la lettre : Portrait de Michel Cervantès.

100. — Troupeau de Moutons, dessin (attribué à Ch. Jacque).

101. — Peinture pastorale genre Watteau.

102. — Portrait de Nicolas Baugier. Beau cadre sculpté et doré.

103. — Portrait de Mme Baugier formant pendant avec le précédent.

104. — Raoux : Portrait de Femme, cadre en bois sculpté et doré.

105. — Tocqué (attribué à). Portrait de la duchesse de Fronsac, cadre en bois sculpté et doré.

106. — Perronneau (attribué à). Portrait d'Homme.

107. — Portrait de la marquise de Prie, très beau cadre sculpté et doré provenant de la vente du marquis d'Aligre.

108. — Pillement. Paysage animé, effet de soleil couchant.

109. — David de Hem, 2 tableaux Fruits et objets d'art.

110. — Ecole Française, tableau : Oignons et Pot à beurre.

111. — Nature Morte, attribué à Decamps.

112. — Claude Mellan, Gravure : Rebecca à la Fontaine.

113. — Fragonard (d'après). Gravure de Berwick : La Déclaration.

114. — Autre gravure formant pendant avec la précédente.

115. — Belle gravure : l'Enlèvement de Psyché, de Prud'hon.

TABLEAUX GRAVURES, ETC.

116. — Gravure de Viet : La paix ramène l'Abondance d'après Mlle Lebrun.

117. — Gravure sur acier : Vue de Paris à vol d'oiseau.

118. — Debucourt : Intérieur de Cuisine (gravure).

119. — Debucourt : Intérieur de la Salle à Manger (gravure).

120. — Le Petit Poucet (gravure).

121. — Portrait d'homme. Gravure de Cochin.

122. — Le Satyre Amoureux. Gravure de Levasseur, cadre ancien.

123. — Série de quatre gravures représentant les fêtes données à Reims lors de l'inauguration de la Statue de Louis XV, cadres Louis XVI anciens.

124. — Très belle gravure avant la lettre de Raphaël Morghen, représentant la Cène, d'après Léonard de Vinci.

125. — Série de 4 gravures d'après Boucher, représentant: L'Obéissance récompensée, le Messager discret, le Berger récompensé, la Fécondité.

126. — Le Port de la Rochelle, gravure de Lebas, d'après Vernet.

127. — Ruth et Boog. Belle gravure de Hersent.

128. — L'Acteur Bardon aîné dans le rôle du docteur Chiendent. (Lithographie avec dédicace).

129. — Gravure. Chasseur et Braconnier.

130. — Gravure anglaise en couleurs.

131. — Objets omis au catalogue.

BRONZES D'ART ET D'AMEUBLEMENT

132. — Très belle Pendule Louis XIV, marqueterie de cuivre et d'écaille de Boule, ornée de bronzes, portant les armes du Grand Dauphin.

133. — Paire de Flambeaux de cuivre ciselé, provenant de la maison Barbedienne.

134. — Paire de Landiers fer forgé.

135. — Très beau Lustre Empire en bronze finement ciselé, orné de nombreux cristaux.

136. — Paire de Chenets en bronze finement ciselé et doré, de l'époque Louis XV.

137. — Grande Lampe en cuivre ciselé et doré.

138. — Lustre en bronze et cristaux.

139. — Pendule bois d'ébène ornée de bronzes ciselés et dorés.

140. — Pendule Empire en bronze ciselé et doré.

141. — Objets omis au catalogue.

PORCELAINES

142. — Paire de Vases de forme ovoïde, monture bronze avec écusson portant le chiffre de Marie-Antoinette.

143. — Groupe en biscuit : Berger jouant de la cornemuse.

144. — Groupe en biscuit : Bergère.

145. — Groupe en biscuit : trois Amours.

146. — Groupe en biscuit : Chasseur.

147. — Id. id. Femme et Chiens.

148. — Paire de Vases en ancienne porcelaine de Canton.

149. — Petit groupe Biscuit.

150. — Paire de Vases de forme ovoïde, en porcelaine française.

151. — Buste biscuit : Femme à l'oiseau.

152. — Buste biscuit : Bergère.

153. — Paire de Vases en porcelaine, décorée aux armes de Louis XVI.

154. — Petite Tasse avec sa soucoupe en porcelaine de Saxe, décor : Paysage et Marine.

155. — Soucoupe en vieux Japon.

156. — Deux grandes Pièces en vieux Japon, décor bleu, rouge et or. (Pièces très rares.)

157. — Quatre petites Tasses et trois Soucoupes en vieux Chine.

158. — Deux Tasses et deux Soucoupes en porcelaine de l'Inde, décor à fleurs.

159. — Trois Tasses et trois Soucoupes en porcelaine.

160. — Deux Moutardiers en vieux Japon.

161. — Grand Plat en Japon, décor : Polychrome Oiseaux et fleurs.

162. — Tasse avec Soucoupe en porcelaine de Sèvres : R couronné.

163. — Objets omis au catalogue.

FAIENCES

164. — Paire de potiches, décor bleu, fleurs et oiseaux, en faïence de Delft.

165. — Petite Commode en faïence de Rouen, formant un porte-bouquet.

166. — Deux porte-bouquets en faïence de Rouen.

167. — Vase Médicis en faïence de Rouen.

168. — Vasque en faïence de Rouen, décor polychrome.

169. — Statuette de femme, en faïence de Lorraine.

170. — Statuette de vendangeur.

171. — Chandelier chinois, en terre de pipe blanche.

172. — Porte-bouquet en faïence de Strasbourg, décor polychrome.

173. — Deux portes-bouquets Louis XVI, en faïence de Saint-Clément, décor blanc, rehaussé d'or.

174. — Bateau d'huilier en faïence de Strasbourg, à rinceaux et feuillages, décor polychrome.

175. — Groupe en terre de Lorraine.

176. — Statuette : Le Marchand de Poissons. (Terre de Lorraine.)

177. — Bateau d'huilier Louis XV, en faïence de Strasbourg.

178. — Bouteille en faïence de Nevers, décor polychrome.

179. — Plat en faïence de Nevers, décor bleu.

180. — Paire de grands vases en grès de Chine, émaillé, avec médaillon représentant une scène d'intérieur.

181. — Sabot en faïence de Nevers.

182. — Plat en faïence d'Urbino : La fuite de Saül, cadre bois noir.

183. — Plat ovale, en faïence de Sinceny, décor à l'oiseau.

184. — Paire de potiches en ancienne faïence persanne.

185. — Soupière en faïence de Nevers.

186. — Soupière en faïence de Sinceny, décor polychrome.

187. — Soupière en faïence de Lunéville.

188. — Plat en faïence de Moustier, aux armes des Seigneurs de Pocancy.

189. — Grand plat en ancienne faïence de Rouen, décor bleu (restauré).

190. — Soupière ronde, en faïence de Rouen, marque P. A. R.

191. — Paire de Buires en faïence, décor à fleurs.

192. — Plat en faïence de Savone.

193. — Autre Plat en faïence de Savone. Vénus sortant de l'onde.

194. — Corbeille avec son Plat en faïence blanche.

195. — Beau Plat ovale, en faïence de Rouen, à la Pagode.

196. — Très beau Plat de Sinceny, décor à l'oiseau.

197. — Grand Plat ovale, en faïence de Strasbourg.

198. — Deux autres Plats de forme ronde, chiffrés N.

199. — Deux Plats ronds, décor bleu, en faïence de Rouen.

200. — Un Plat rond, décor oiseau et feuillage.

201. — Plat rond, décor persan.

202. — Encrier en faïence de Strasbourg, décor chinois.

203. — Aiguière en faïence de Rouen.

204. — Deux Potiches en faïence de Delft, décor paysage.

205. — Paire de Chandeliers en faïence, genre Palissy.

206. — Paire de porte-lumières en faïence de Nevers, du XVIe siècle, représentant des Pages, décor blanc, bleu et jaune.

207. — Deux Plats en faïence des Islettes, port de mer.

208. — Plaque ovale, en faïence de Delft, décor bleu, à personnages.

209. — Autre Plaque, en faïence de Delft, de forme carrée.

210. — Deux Plats en vieux Delft, décor japonais polychromé.

211. — Plats en faïence de Delft, décor japonais, en couleur bleue.

212. — Plat en faïence de Delft, décor japonais.

213. — Paire de Potiches en faïence italienne.

214. — Paire de Supports en faïence.

215. — Grande Plaque en faïence de Delft, décor polychrome.

216. — Plat en Delft, décor japonais polychrome.

217. — Plat en Delft, décor polychrome.

218. — Plat en Delft, aux armes d'un chevalier de l'Ordre du Saint-Esprit.

219. — Plat en faïence de Rouen, décor au carquois et à la torche.

220. — Assiette en vieux Rouen, décor à la corne.

221. — Deux Plats en faïence de Moustiers.

222. — Plat en faïence d'Urbino : Portrait de Femme.

223. — Plat en faïence de Pesaro : La Vierge et l'Enfant.

224. — Femme drapée : Terre cuite.

225. — Le Repos du modèle : Terre cuite.

226. — Statuette, Paysan en terre de Sicile.

227. — Diane et Apollon : Groupe en faïence.

228. — Statue de jeune nègre, en faïence italienne.

229. — Brasero en faïence, décor vert et bleu.

230. — Chandelier Louis XIII, à 2 branches.

231. — Deux Pots à pharmacie.

232. — Paire de très beaux vases Médicis, en ancienne faïence de Nevers.

233. — Deux Plats japonais.

234. — Vase en forme d'urne funéraire, époque Louis XVI, en bois de cyprès, renfermant un voile de momie égyptienne.

235. — Plat ovale, en faïence de Marseille.

236. — Assiette en faïence (décor patriotique).

237. — Plat rond, en faïence, décor paysage.

238. — Plat rond, Japon, décor à la Pagode.

239. — Plat ovale, en faïence de Rouen.

240. — Deux Assiettes.

241. — Plaque carrée en faïence de Nevers.

242. — Plat faïence, décor persan.

243. — Plat rond, décor à la rosace.

244. — Plat à barbe, en faïence de Strasbourg.

245. — Plat à barbe, en faïence de Rouen.

246. — Plat rond, décor à fleurs.

247. — Petit Plat en faïence de Rouen, décor à la pagode.

248. — Assiette en faïence.

249. — Grand Bain de pieds, décoré bleu à anse.

OBJETS DE VITRINE

250. — Boîte ronde, en écaille.

251. — Boîte ronde, décor vernis Martin.

252. — Statuette en bronze, frotté d'argent : Diane de Gabies.

253. — Bourse du XVIe siècle, en velours vert, brodé or.

254. — Branche en filigrane, avec fleurs et fruits, en porcelaine de Saxe, nid et oiseau (époque Louis XV).

255. — Coffret de chasse, moyen-âge.

256. — Semainier en étoffe Louis XV, aux armes de la marquise de Verneuil.

257. — Eventail Louis XVI.

258. — Paire d'écrans en plumes de paon.

259. — Statuette en vieux laque de Coromandel, représentant un radja.

260. — Autre statuette de Femme, formant pendant avec la précédente.

261. — Trois grands Plats ronds, en étain.

262. — Petit Navire sculpté, époque Louis XV (très rare).

263. — Chaise à porteur en Laque du Japon.

264. — Quatre Bustes en plâtre bronzé.

265. — Miniature sur cuivre, représentant une Femme, cadre en argent repoussé.

266. — Buste en marbre stéariné, représentant le Père Lacordaire.

267. — Objets omis au Catalogue.

TENTURES & TAPISSERIES

268. — Rideaux en vieux lampas rouge et vert d'eau, avec crépines d'or, bandeaux en vieux lampas, tissé d'or (garniture pour deux fenêtres).

269. — Portière double, en soie blanche à bouquets de fleur, bordure tissée or et argent.

270. — Tapis d'Aubusson.

271. — Paire de Cantonnières en tapisserie d'Aubusson Louis XVI, encadrées dans cadre doré.

272. — Tableau en tapisserie Louis XIII, au petit point, dans un cadre en bois sculpté et doré.

OBJETS DIVERS

273. — Buvard ancien, garni en argent.

274. — Planche de cheminée en vieux lampas, avec bandeau garni de guipure, argent, ajourée et crépines.

275. — Paire de Supports de vases, à culs-de-lampe, décor marron et or.

276. — Baromètre Louis XVI en bois sculpté et doré.

277. — Deux Tableaux religieux en argent repoussé (travail espagnol).

278. — Bas-reliefs en marbre, saint Christophe et Jésus.

279. — Statuette en marbre : la Vierge, XVIIe siècle.

280. — Statuette de jeune homme, en marbre.

281. — Quatre Etiquettes pour vins, en émail, décor fleuronné.

282. — Objets omis au Catalogue.

Châlons, imp. Martin frères.

www.ingramcontent.com/pod-product-compliance
Ingram Content Group UK Ltd.
Pitfield, Milton Keynes, MK11 3LW, UK
UKHW020525180726
13839UKWH00005B/2304

9 782329 526935